RASPAIL

F. V. RASPAIL

Publié par G. HAVARD .

Imp. de Mangeon, r. S.t Jacq. 67. Paris

LES CONTEMPORAINS

RASPAIL

PAR

EUGÈNE DE MIRECOURT

PARIS

GUSTAVE HAVARD, ÉDITEUR

15, RUE GUÉNÉGAUD, 15

1857

RASPAIL

Nous sommes en face de deux cohortes ennemies, les pirates littéraires et les faux apôtres politiques.

Les uns emploient contre nous des moyens diffamatoires si honteux et les autres des menaces si impudentes, que notre courage s'en accroît chaque jour. Ils achèvent ainsi de nous convaincre de la nécessité de notre œuvre et de sa justice.

Une troisième classe d'adversaires paraît, depuis quelque temps, vouloir entamer l'attaque.

Ce sont les faux dévots et les hypocrites, race éternelle, enracinée dans le christianisme même, comme le chiendent au sein d'une terre féconde; race impie qui exploite l'œuvre du ciel, exagère le précepte, fausse la doctrine et souffle le flambeau, pour mieux cacher dans l'ombre sa marche tortueuse, pour voler l'estime et la considération, que jamais, à aucune époque, elle n'a pu obtenir sans ce procédé de l'éteignoir.

Vous comprenez que ces gens-là ne nous pardonnent point de rester artiste, tout en nous déclarant chrétien.

Comment donc! il faudrait, pour leur plaire, étendre un voile noir au fond de la chapelle Sixtine sur les fresques de Michel-Ange. Ils baissent les yeux et font semblant de rougir quand ils passent devant une statue de Pradier.

Si nous parlons de Molière, par exemple, avec le respect dû au génie, cela constitue à leurs yeux un crime irrémissible.

Défendre Béranger contre d'injustes attaques, ne pas mettre systématiquement Paul de Kock à l'index, louer Déjazet-Frétillon pour ses talents comiques et son bon cœur, vanter l'esprit d'Augustine Brohan, reproduire une ode d'Alfred de Musset, nous dispenser de vouer à la damnation Gérard de Nerval, ce pauvre Gérard conduit au suicide par le malheur et la folie, voilà ce dont ils nous accusent.

Voilà, si vous daignez les en croire, une

preuve irréfragable de la non-sincérité de nos croyances.

Ah ! pharisiens ! vous êtes toujours les mêmes, et vous ne changez point en traversant les siècles : antagonistes de l'esprit qui vivifie, partisans de la lettre qui tue !

Hier, c'était votre rôle ; vous le continuez aujourd'hui ; demain nous vous y trouverons fidèles.

Jésus, dans le temple, était contre vous, et l'Évangile même contient votre sentence. On ne peut vous répondre que par le mépris.

Un mouvement d'épaules, et nous passons.

Nous sommes chrétien comme Pascal et comme Fénelon ; jamais vous ne nous déciderez à l'être comme Louis Veuillot et comme Escobar.

Donc, Tartufes en religion, taisez-vous!

Tartufes en littérature, n'espérez de notre plume ni trêve ni merci.

Quant à vous, Tartufes en politique, vous êtes, comme les autres et plus que les autres, fils du mensonge. Si, dans vos rangs, le hasard nous montre un honnête homme égaré, nous ne souffrons, sous aucun prétexte, que vous en preniez occasion de chanter victoire et de consolider vos systèmes.

Les anges tombèrent autrefois et perdirent les splendeurs du ciel.

Comme les anges, l'homme le plus pur, ici-bas, chancelle et tombe. Vous avez beau le relever pour lui faire les honneurs du piédestal, il a sur le visage un sillon de la foudre; on voit ce qu'il était jadis et ce qu'il n'est plus.

L'orgueil a causé sa perte.

François-Vincent Raspail est né à Carpentras, le 14 janvier 1794.

Son père, Joseph Raspail, tenait un
restaurant fort achalandé, où les paysans
du Ventoux affluaient les jours de foire,
parce qu'ils y trouvaient bon accueil, et
surtout table excellente.

Ainsi que Lamartine et que Victor Hugo,
—François eut une mère chrétienne[1], qui
s'appliquait à élever sa nombreuse famille
dans l'observance la plus stricte des lois
évangéliques.

En ce temps-là vivait à Carpentras un
saint prêtre que la ville entière entourait
de vénération. L'abbé Eysséric avait fait

____

[1] Madame Raspail, de son nom de famille, se nom-
mait Marie Laty. Elle était native de Pernes, patrie
de Fléchier.

vœu de se consacrer au service des pauvres, de les consoler, de les protéger, de les instruire.

La maison du digne homme était une école gratuite.

Chaque ménage nécessiteux y envoyait ses enfants, ce qui n'empêchait pas les bourgeois exempts de voltairianisme d'y envoyer les leurs, persuadés qu'ils trouveraient là tous les éléments de la science unis à ceux de la vertu.

Depuis nombre d'années, on citait, à vingt lieues à la ronde, l'abbé Eysséric comme un véritable puits d'érudition.

François-Vincent fut son meilleur élève.

Il s'appliquait à prendre en tout le saint abbé pour modèle, et rassurait sa mère, qui s'épuisait en tendres remontrances au sujet d'une assiduité trop grande à l'étude.

— Ne crains rien, bonne mère, disait François. Dieu protége ceux qui ont en vue sa gloire. Il leur conserve la santé pour qu'ils deviennent savants et fassent aux hommes le plus de bien possible.

Tant que Raspail étudia sous la direction de l'abbé Eysséric, son âme fut inaccessible au sentiment de la vanité.

Modeste et plein de douceur, il cédait à l'influence de l'éducation religieuse, déclarant à sa famille que son intention formelle était d'entrer dans l'état ecclésiastique[1].

Le séminaire d'Avignon lui ouvrit ses portes.

---

[1] Il poussait jusqu'à des limites extrêmes les scrupules de la dévotion et de la pudeur. On nous envoie de Carpentras une anecdote impossible à reproduire sans éveiller des images dangereuses, par l'excès même de décence qu'elle attribue à Raspail. Nous laissons au *Conciliateur de Vaucluse* le soin de la raconter.

A peine âgé de quinze ans, notre héros y remporta le grand prix de philosophie.

Jamais élève n'eut à un plus haut degré les illuminations de la science. A dix-sept ans, avant même qu'il eût achevé ses études théologiques, on lui donna la chaire de philosophie, comme au plus capable du diocèse.

Raspail a été le professeur de quinze ou vingt évêques, archevêques ou cardinaux, parmi lesquels on cite monseigneur Sibour.

Il n'est pas, dans tout le département de Vaucluse, un vieux prêtre qui ne se souvienne de l'abbé Raspail, et dont l'œil ne se mouille en songeant à cette noble intelligence égarée dans le doute et perdue pour la foi.

Les supérieurs du jeune séminariste

lui témoignèrent trop vivement leur admiration.

Notre pauvre nature est toujours prête à se laisser entraîner dans le piége de la vaine gloire. Elle glisse aisément sur cette pente fatale, où le diable la pousse avec une infatigable persistance, et, pour peu que les hommes, par un excès d'éloges, viennent en aide au diable, la culbute est bientôt faite.

François-Vincent Raspail en est un triste exemple.

On le vantait partout comme un prodige.

Trop jeune encore pour entrer dans les ordres, on lui accorda des dispenses, afin qu'il pût se livrer à la prédication.

Sa taille était si petite, que les bedeaux de la cathédrale avaient ordre de lui met tre en chaire un tabouret sous les pieds, absolument comme firent plus tard les huissiers du Luxembourg, quand Louis Blanc, l'illustre organisateur du travail, voulut élever son éloquence à la hauteur de la tribune.

Raspail a grandi.

Mais Louis Blanc, pour son malheur, continue d'offrir à notre siècle un échantillon des anciens Pygmées.

Vers 1812, les régions méridionales, agitées par des intrigues royalistes, menaçaient de refuser le tribut de la conscription.

Notre Bossuet de dix-huit ans, choisi pour prêcher à la cathédrale, le 2 décembre, jour anniversaire de la bataille d'Austerlitz, improvisa devant l'archevêque et devant toutes les autorités civiles et militaires un discours plein de patriotisme, qui produisit sur l'auditoire une sensation extrême.

« La France, disait l'abbé Raspail, doit donner son dernier homme et son dernier écu pour soutenir la Révolution représentée par l'Empereur. »

A sa descente de chaire, on vint, de la part du préfet, lui demander le discours.

Doué d'une mémoire prodigieuse [1], l'éloquent séminariste écrivit à l'instant même sur une table de la sacristie le texte complet de son improvisation. Le soir même, on expédiait le manuscrit à Paris.

Napoléon Ier le lut et le renvoya au

[1] Cette mémoire est si extraordinaire, que Raspail, qui n'est pas retourné dans son pays depuis quarante ans, parle encore aujourd'hui le patois provençal comme le premier venu des Méridionaux.

préfet de Vaucluse, avec cette annotation de sa main :

« Qu'on s'occupe de ce jeune homme; il ira loin. »

Voyant les plus hauts personnages convaincus de son mérite, et n'entendant autour de lui que l'écho de la louange, François-Vincent tomba dans les embûches que lui dressait le démon de l'orgueil.

Devenu professeur de théologie scolastique, il croit découvrir que les théologiens modernes sont en désaccord sur plusieurs points avec les conciles. On le prie d'apporter la plus grande réserve dans la discussion de ces thèses délicates; il ne tient pas compte de l'avertissement, tranche du Père de l'Église et veut se donner la gloire de réformer la doctrine.

On se fâche; Raspail persiste.

L'archevêque demande une rétractation immédiate ; le jeune professeur déclare qu'il en sait plus que l'archevêque.

Il refuse nettement obéissance et quitte le séminaire.

Heureusement il n'était point dans les ordres, sans quoi nous l'aurions vu, comme Lamennais, descendre jusqu'à l'apostasie. L'histoire des déréglements de l'esprit humain sera toujours la même. Fénelon, vivant de nos jours et se décidant à ne point obéir à Rome, n'eût certes pas manqué de se faire démocrate et socialiste.

Nous laissons à nos lecteurs le soin d'apprécier des convictions qui prennent invariablement leur source dans l'orgueil et dans la révolte.

Une fois sorti du séminaire, François-Vincent Raspail devient l'ennemi le plus

acharné du catholicisme. Cette nature honnête, exaltée par le sentiment de sa propre valeur, cherche à justifier ses écarts,
et dresse un autel à la raison sur les ruines
de la foi.

Le collége de Carpentras lui offre une
place de régent.

François travaille nuit et jour, passe à
la bibliothèque toutes les heures de liberté
que lui laissent les leçons de sa classe,
dévore les œuvres des encyclopédistes et
lie connaissance avec M. de Voltaire.

Mais tout à coup les événements de
1815 jettent le trouble dans ces nouvelles
études. Les royalistes n'ont pas oublié le
discours prononcé à la cathédrale. On accuse le jeune homme de bonapartisme[1].

[1] Si l'on en croit le *Dictionnaire historique et bio-
graphique du département de Vaucluse*, par M. Barjavel,

Une troupe furieuse l'assiége dans la maison paternelle.

Raspail se voit contraint de repousser à coups de fusil cette attaque violente, afin d'assurer sa retraite et celle de ses frères.

Huit jours après, il arrive à Paris sans ressource aucune.

Son père était mort.

Madame Raspail, ruinée par les secousses politiques, avait vendu son établissement culinaire. A peine s'il lui restait de quoi vivre, toutes les dettes payées. Néanmoins, s'imposant un dernier sacrifice, elle réalisa une somme de cent écus et la fit passer à François-Vincent, qui la renvoya courrier par courrier.

« Je serais, écrivit-il, à la veille de

Raspail aurait composé des couplets très-enthousiastes sur le retour de l'île d'Elbe.

mourir de faim, que je n'accepterais pas un centime de vous, sachant la médiocrité de votre fortune. »

Il adorait sa mère.

Son plus grand désespoir, lorsqu'elle vint à mourir, fut l'impossibilité où il se trouva, tant sa gêne était profonde, de faire le voyage de Carpentras pour aller s'agenouiller sur son tombeau.

La famille lui envoya quelques reliques de la défunte.

Raspail, — nous tenons le fait d'un de ses amis les plus intimes, — coucha dix années consécutives avec les bonnets de nuit de sa mère, naïf enfantillage du cœur, touchante expression du souvenir filial, que personne, à coup sûr, ne s'avisera de tourner en ridicule.

Pour vivre, François-Vincent donna

d'abord quelques leçons particulières.

Nous le voyons, dès cette époque, se jeter à corps perdu dans le républicanisme et dans la politique militante.

Véritablement c'est une déplorable chose que des hommes du mérite et de l'incontestable probité de celui dont nous écrivons l'histoire s'unissent à de pareilles phalanges.

Leur science en d'autres matières et leur talent réel trompent le peuple.

On ne s'imagine pas que des cerveaux d'une organisation si forte puissent se détraquer, parce qu'ils ont un rouage de moins et un ressort de trop. Le rouage absent est celui du sens commun; le ressort inutile et dangereux est celui de l'orgueil.

De 1815 à 1824, nous voyons notre

héros en lutte perpétuelle avec le besoin.

Son âme se remplit d'aigreur.

Plus il est pauvre, plus il a de fierté dans ses rapports avec les personnes qui peuvent le tirer d'embarras.

Ceci est une nuance de caractère très-noble et très-digne sans doute; mais, chez Raspail, elle avait des tons outrés.

Admis dans une riche famille comme précepteur, il s'imagine, un jour, qu'on lui manque d'égards, fait sa malle au plus vite, et disparaît sans réclamer ce qui lui est dû pour ses honoraires.

Il tombe alors sous la coupe des chefs d'institution de Paris et de la banlieue, singuliers industriels qui vendent l'éducation au rabais à la progéniture des bonnetiers. Toujours à la recherche d'hommes intelligents sans ouvrage, ces messieurs leur offrent volontiers le gîte et le pain quotidien, à la condition expresse de surveiller nuit et jour cinquante marmots aussi indisciplinés qu'ignares.

Après sept ou huit ans de cette existence, analogue à celle des forçats, Raspail, de misères en misères et d'instituteurs en instituteurs, arrive au collège Stanislas.

Ici la position n'est plus la même.

Son mérite se fait jour, et l'homme supérieur se devine.

Tous les élèves qu'il dirigeait alors conservent de son caractère et de ses talents le plus honorable souvenir.

L'un d'eux, M. Vilain XIV, est aujourd'hui ministre des affaires étrangères en Belgique. Sachant, il y a quelques années, que son ancien maître, sorti de Doullens, demandait à résider à Bruxelles, et que le cabinet en exercice lui en refusait l'autorisation, M. Vilain XIV alla dire à ceux qui, plus tard, devaient être ses collègues :

— J'ai, comme membre du Corps législatif, un domicile inviolable, et, dès aujourd'hui, je vous déclare que M. Raspail sera mon hôte.

Ceci est tout à la fois à la gloire du maître et à celle de l'élève.

Pendant ses jours de détresse, notre professeur avait noué des relations avec tous les enfants perdus de la démocratie, déguisés, à cette époque, en libéraux.

La *Minerve* était dans toute sa splendeur.

Elle se faisait condamner régulièrement chaque mois, comme le *National*, à d'é-

normes amendes, que payaient les sous-
criptions enthousiastes du radicalisme...

On offrit à Raspail d'écrire dans la
Minerve.

Par prudence et pour ne point éveiller
les susceptibilités royalistes du collége, il
pria qu'on mît ses articles sous le couvert
de ce fameux *Ermite en province*, qui
poursuivait le gouvernement de ses taqui-
neries mordantes.

Le froc de l'*Ermite* cachait, comme on
le sait, M. de Jouy.

Ce dernier, recevant des félicitations
pour certaines pages exclusivement rédi-
gées par Raspail, et cédant à un louable
instinct d'honnêteté littéraire, nomme tout
à coup son collaborateur sans le prévenir.

Grand scandale à Stanislas.

On signe, le jour même, à notre pro-

fesseur journaliste un congé en bonne
forme.

Tout cet éclat sert, du reste, à le mettre en relief et à lui gagner l'affection des
sommités du parti. Les généraux de l'Em-
pire, les vieux conventionnels qui ont voté
la mort de Louis XVI, les mécontents de
toute sorte transformés en révolutionnaires, l'attirent, le félicitent, l'encouragent.

Il est élu *carbonaro* sans obstacle, et ne
tarde pas à faire partie d'une députation
expédiée à la *Vente suprême*.

— Soyez journaliste, lui disaient ses
nouveaux amis. C'est là votre vocation
réelle, ne vous y trompez pas.

Malheureusement, la louange seule ne
suffisait point à sustenter l'ex-professeur
du collége Stanislas. Les feuilles radicales
puisaient volontiers dans la bourse d'au-

trui; mais leur caisse particulière était constamment vide, ou ne s'ouvrait pour personne.

Il fallut que François-Vincent se mît à la recherche de quelques journaux plus riches.

Un certain M. de Férusac lui commande des articles et les paye d'une façon très-généreuse.

Raspail croit avoir fait la découverte d'une mine du Potose, quand tout à coup il apprend que le journal à la rédaction duquel il a contribué s'imprime sous le patronage direct du duc d'Angoulême.

Saisi d'épouvante, et craignant de passer aux yeux des libéraux pour une conscience vendue, il court reporter bien vite les sommes qu'il a touchées, et reprendre ceux de ses manuscrits qui restent dans les cartons de M. de Férusac.

Plus que jamais il se trouve sans ressource, quand, un matin, il voit entrer
dans sa pauvre mansarde, au sixième
étage, un individu fort bien mis, portant
le ruban rouge à sa boutonnière.

— Monsieur Raspail? demande le visi-
teur en s'inclinant.

— C'est moi, monsieur.

— Je me nomme Kersausie, reprend
l'étranger. Ma famille est alliée à celle de
la Tour-d'Auvergne. Je suis capitaine au
4ᵉ hussards; et j'ai quelque fortune. Voulez-vous être mon ami?

— Monsieur...

— La proposition vous semble brusque;
mais soyez assez bon pour m'entendre,
dit le capitaine en prenant un siége. Il
y a cinq ans, j'ai fait la guerre d'Espa-
gne, une guerre absurde où le bon droit

n'était, certes, ni du côté de Ferdinand ni
du côté de la France. De retour à Paris,
mon maréchal des logis chef[1] et moi, nous
n'avons rien eu de plus pressé que de nous
faire recevoir charbonniers. Or, depuis ce
temps-là, je m'efforce de sonder le caractère des hommes qui s'intitulent républicains; j'ai compris que fort peu sont mus
par le double mobile de la conviction et
de l'honneur. Ce sont pour la plupart des
égoïstes, des intrigants et des ambitieux.

—Hélas! fit Raspail, dans l'esprit duquel
ces paroles trouvaient beaucoup d'écho.

— Mais il y en a quelques-uns d'hon-
nêtes et de sincères. Vous êtes du nombre,
et voilà pourquoi je suis venu vous tendre

[1] Ce maréchal des logis chef était M. de Persigny.

la main [1]. C'est Dupont (de l'Eure) qui m'a donné votre adresse.

La liaison de ces deux hommes commença de cette manière originale.

,Plus ils se connurent, plus l'amitié devint entre eux profonde et durable. Ils avaient les mêmes illusions, ils caressaient les mêmes rêves. Ennemis du catholicisme l'un et l'autre et le regardant comme un obstacle au triomphe des doctrines libres, ils se décidèrent à l'attaquer sans repos ni trêve, pensant que le vieil édifice ne résisterait pas à leurs efforts, et que la chute de l'autel entraînerait nécessairement la chute du trône.

[1] Kersausie, dit une brochure anonyme, écrite en 1852 et attribuée à M. de Lamennais, est la noblesse d'âme inintelligente, la sincérité dans le paradoxe et la droiture dans le faux. C'est un républicain sans tache, doublé de loyauté, de chauvinisme et d'ignorance.

Ils se heurtent tous à ce mur d'airain depuis un siècle, et s'y brisent le crâne tour à tour, sans que cet exemple donne plus de sagesse à leurs émules.

— Je serai l'homme d'action, disait Kersausie; toi tu seras le réformateur et le prophète. En attendant que la révolution soit mûre, étudie; deviens célèbre dans la science. Tes discours et tes enseignements auront plus de poids.

Ceci ne manquait pas d'une certaine logique.

On s'était concerté, rien de plus simple.

Nos deux amis ne se cachaient ni leurs impressions ni leurs goûts. Raspail étant possédé d'un vif amour de l'étude, il fallait que cette passion pût se fondre, en quelque sorte, dans les espérances de l'avenir, et cela nous explique à merveille

comment, au milieu des luttes révolutionnaires les plus insensées, l'homme politique n'absorba jamais entièrement l'homme
de science.

Raspail ne voulut suivre les cours d'aucun professeur.

Les premières notions qu'il avait reçues
de l'abbé Eysséric jalonnèrent sa marche
pour le conduire à des découvertes réelle-
ment prodigieuses dans la chimie, dans la
botanique et dans les sciences naturelles.

Kersausie ouvrait en vain sa bourse; il
n'y puisa jamais, et ne voulut même point
accepter, à titre de prêt, les sommes nécessaires à l'achat des instruments dont
il avait besoin pour ses études.

— Ces instruments, disait-il, je les fa-
briquerai moi-même; et, puisque je cul-
tive la science, elle doit me nourrir.

Il ne tarda pas, en effet, à composer un microscope, et cela par des procédés d'optique si intelligents, si dégagés de complication, que ses dépenses, pour le construire, ne s'élevèrent pas au-dessus de *trois francs*. Un opticien de la rue du Pont-de-Lodi, M. Deleuil, lui acheta sa découverte, et les savants purent se procurer à très-bas prix un instrument qui, jusque-là, coûtait fort cher.

M. Deleuil a fait fortune avec les microscopes Raspail.

Depuis longtemps déjà notre héros s'occupait de science, et, dès la fin de l'année 1824, il avait rédigé pour l'Académie des sciences un premier mémoire *sur la formation de l'embryon végétal et sur l'organisation de la fleur.*

Laissons-le parler lui-même.

« Il serait difficile, aujourd'hui, de comprendre, dit-il, le caractère de respect religieux qui enveloppait l'Académie des sciences. La critique de la presse n'avait pas encore porté son flambeau dans le sanctuaire ; elle écoutait et ne contrôlait pas. Le journalisme reconnaissait son incompétence scientifique ; l'essor nouveau qu'il a pris ne date pas de fort loin. Pour moi, qui ne connaissais personne, je comparais, dans ma vénération, chaque membre de ce corps savant à ces Bénédictins de Saint-Maur qui ne dérogeaient point à la science, et qui accueillaient avec une paternelle sollicitude tous ceux qui venaient à eux. Je ne leur supposais d'autre ambition que celle d'étudier et d'être utile, d'autre rivalité que celle qui existait entre Ducange et Mabillon, la rivalité de la modestie.

« Je me rappelle encore que je tremblais la première fois que, dans la cour de l'Institut, je me sentis la force d'aborder l'un d'entre eux. C'était feu Desfontaines, professeur de botanique au Muséum. J'avais à le prier de me faciliter la lecture de mon travail dans une séance hebdomadaire de l'Académie.

« — Quel en est le sujet ? me demanda-t-il.

« — De la botanique. (Je n'osai pas pro-
noncer le mot de physiologie, tant je croyais
être peu en état d'en avoir fait-)

« — De la botanique? Sont-ce des espèces
nouvelles et exotiques?

« — Non, monsieur, ce sont des organes
nouveaux et des analogies nouvelles.

« A ces mots, Desfontaines me tourna le
dos, comme si j'avais proféré une insulte à
laquelle il dédaignait de répondre [1]. »

Quelqu'un prévint Raspail qu'il n'avait
besoin de la recommandation de personne
et qu'il suffisait de se faire inscrire.

Effectivement, le mémoire fut lu trois
mois après; mais l'Académie n'accorda que
de médiocres encouragements à son auteur.

Geoffroy Saint-Hilaire fut le seul qui
comprit la portée d'un système physiolo-
gique aujourd'hui passé à l'état de certi-

[1] Préface du *Nouveau système de physiologie végétale*, pages 8 et 9.

tude. Il suivit le jeune homme au sortir de la séance et lui frappa sur l'épaule.

— Courage ! lui dit-il ; vous les devancez de cinquante ans.

Raspail continua de présenter à l'Académie mémoires sur mémoires[1], mais dans l'unique but de prendre date. Il ne s'informait pas même de quelle nature étaient les rapports.

En 1827, il fonde avec Saigey, physicien de mérite[2], une revue intitulée : *Annales des sciences de l'observation.*

---

[1] Voici le titre des principaux : *Essai sur la classification générale des graminées,* — *Développement de la fécule dans les organes de la fructification des céréales,* — *Sur l'anatomie comparée des graminées,* — *Sur les graisses et le tissu adipeux,* — *Anatomie microscopique des nerfs,* — *Sur la structure intime des tissus de nature animale,* — *Anatomie microscopique des flocons du chorion de l'œuf humain,* etc., etc.

[2] Absolument inconnu, pour s'être fait l'ennemi particulier d'Arago, qui l'étouffa, Saigey fabrique aujourd'hui des instruments de mathématiques.

Vers la même époque, tous les échos de l'Institut retentissent d'une querelle fameuse, où Raspail intervient pour fournir à Geoffroy Saint-Hilaire des armes contre Cuvier.

L'illustre continuateur de Buffon n'eut pas les honneurs de la lutte.

Ce fut alors que la liaison de Kérsausie et de Raspail vint marier, pour ainsi dire, chez celui-ci, la politique à la science, et en faire deux sœurs qui devaient se prêter un mutuel soutien.

Voyant M. Barthe se glisser dans le carbonarisme et y fomenter des intrigues en faveur de la branche d'Orléans, Raspail dit à son ami :

— Nous sommes perdus. Il y aura sans nul doute une révolution prochaine; mais elle tournera contre le peuple et contre nous.

— Eh bien, nous la retournerons contre les traîtres ! dit le capitaine de hussards en relevant les crocs de sa moustache.

Au premier coup de feu qui accueillit la publication des ordonnances, Kersausie, les poches bourrées de cartouches, accourut chez Raspail. Ils combattirent côte à côte, durant les Trois-Jours, avec un héroïsme que beaucoup d'autres chefs du parti ne prirent point pour exemple [1].

[1] Kersausie partit en Vendée avec son régiment et ne tarda pas, si l'on en croit un article inséré par Raspail dans l'*Ami du Peuple*, le 19 mars 1848, à envoyer à Louis-Philippe sa démission de capitaine. Indigné de la perfidie du roi citoyen dans les mesures prises pour arriver à la pacification du pays, il aurait donné à cette démission la formule la plus méprisante. Kersausie, coaccusé de Raspail en 1833, et son collaborateur dans le journalisme en 1834, fut condamné, en 1835, à la déportation. Compris dans l'amnistie, mais ne voulant pas demeurer sous la surveillance de la haute police, il alla mettre son épée au service des patriotes espagnols. Jusqu'en 1848, il soutint à l'étranger la cause révolutionnaire, tantôt à Londres, tantôt en Suisse, tantôt à Naples ou à Messine. Après

Blessé à l'attaque de la caserne de Babylone, Raspail fut rapporté saignant à son domicile.

Guéri de sa blessure et trouvant Louis-Philippe sur le pavois, il versa des larmes de colère. Ses pressentiments ne l'avaient point trompé. D'habiles escamoteurs s'exerçaient de longue date à jouer le tour. A peine la République avait-elle montré le bout de l'oreille qu'ils la firent disparaître comme une muscade.

On offre à Raspail le ruban de Juillet.

le bonbardement de cette dernière ville, on n'eut plus de ses nouvelles. Raspail, surpris de ne pas le voir reparaître en France après Février, soupçonna qu'on le retenait dans les cachots de Naples. Il en eut bientôt la certitude et fit donner l'ordre à l'amiral Baudin, par le Gouvernement provisoire, de détacher trois vaisseaux de son escadre afin de sommer la cour de Naples de rendre Kersausie à la liberté. De retour à Paris et porté comme candidat au commandement de la 1ʳᵉ légion, puis à l'Assemblée constituante, l'ami de Raspail échoua dans ces deux candidatures.

Il le repousse avec dédain et déploie tout aussitôt, à la barbe du pouvoir, une bannière d'opposition démocratique.

Sa renommée d'honnête homme et de savant inspire de vives inquiétudes à Louis-Philippe.

Ce monarque, éminemment corrupteur, cherche à gagner un antagoniste aussi dangereux. Par ses ordres, on organise une revue de l'artillerie de la garde nationale, tout exprès pour opérer une première tentative de séduction sur Raspail, qui faisait partie de ce corps.

Sa Majesté citoyenne traverse les rangs, s'arrête en face de notre héros, et lui adresse quelques mots remplis de bienveillance.

L'artilleur, suffoqué, ne trouve rien à répondre.

Mais, voyant arriver chez lui, le lendemain, un exprès du système, ayant mission de lui proposer une place au Jardin
des Plantes, il prend sa revanche de la
veille et s'écrie :

— Dites à votre maître que je n'accepte
rien de ceux qui nous ont volé la République !

C'était de la franchise, mais ce n'était
pas de l'habileté.

Raspail, en aucun temps, n'imita ces
conspirateurs émérites qui savent cacher
leurs piéges et y amener, à force de ruses,
le haut gibier qu'ils veulent saisir. Toujours dupe de sa loyauté de manœuvres,
il fut constamment victime des razzias de
police, auxquelles les républicains ses
frères semblaient eux-mêmes prendre
plaisir à l'exposer.

Lors du procès des ministres, une conspiration s'organisa.

Notre héros, depuis quelques années, était en ménage. Il avait de jeunes enfants et une compagne aimante à laquelle il tenait à ne point causer trop d'alarmes. Il prit un prétexte pour envoyer sa famille au petit hameau d'Épinay-sur-Seine, afin de mieux lui cacher le complot qui se préparait.

Dans la cour du Louvre, au jour fixé, se rassemble toute la compagnie des artilleurs, prête à marcher sur les Tuileries au premier signe.

Les hommes du *National* doivent diriger le coup de main.

— Nous avons besoin d'être soutenus par le peuple, dit le citoyen Bastide. Qui se charge d'aller le soulever?

— Moi ! dit Raspail.

On était sûr de la réponse.

Il part, et va donner le mot d'ordre dans les faubourgs. Quelques heures après, suivi d'une masse d'ouvriers imposante, il revient au Louvre. Mais le citoyen Bastide a changé d'avis, et les grilles se ferment au nez du messager révolutionnaire.

C'est avec une peine infinie que Raspail échappe aux sergents de ville attirés par le tumulte, et au peuple, qui l'accuse de trahison.

Pendant six semaines, il est obligé de se cacher à Épinay, sous le nom de M. François.

Jamais, depuis cette époque, il n'a parlé des républicains du *National* sans donner les marques de l'indignation la plus vive et du dernier mépris. Les patriotes de la

Tribune lui paraissant moins suspects dans leurs allures, il consentit à collaborer à cette feuille.

On n'oubliait point l'échauffourée du Louvre. Raspail était surveillé jusque dans ses moindres actes.

Au commencement de 1831, il fut cité à comparaître pour délit de presse. Le procureur général puisait ses chefs d'accusation dans une lettre publiée, le 18 février, par la *Tribune*, et où notre artilleur expliquait les motifs qui l'engageaient à ne point reprendre son service, en dépit des injonctions réitérées du maréchal Lobau.

Chose singulière! Louis-Philippe ne désespérait pas de vaincre cette nature opiniâtre.

Peu de jours après avoir été assigné par le parquet, Raspail tombe du plus haut des nues en recevant une large enveloppe ministérielle, contenant sa nomination de chevalier dans l'ordre de la Légion d'honneur.

Il croit à une méprise, et s'habille pour se rendre au ministère.

Mais les garçons de bureau de la chancellerie surviennent, porteurs d'un bouquet splendide. A la suite des garçons de bureau arrivent les dames de la halle; puis aux dames de la halle succède un troisième cortége, composé des typographes du *Moniteur*.

Plus de doute possible. C'est bien à lui, Raspail, qu'on donne le ruban rouge.

On va le déshonorer, on va le perdre en lui offrant cette distinction perfide. Il prend un cabriolet, court au *Moniteur*, et s'oppose à l'insertion officielle.

Le secrétaire de la rédaction le regarde d'un air confondu.

— Mais, lui dit-il, ce n'est pas le républicain qu'on décore; c'est le savant, et le savant mérite la croix.

— Qu'importe? dit Raspail. Je refuse.

— Vous refusez?…. Miséricorde!… cela ne s'est jamais vu!

— Eh bien; cela se verra pour la première fois, monsieur.

— Il faut que j'en réfère au ministre.

— A votre aise. Ma visite est significative. Si l'on ne tient pas compte de mon refus, je protesterai dans les journaux.

Le ministère, instruit du scandale qui se prépare, ne veut point retirer l'ordonnance, et Casimir Périer s'écrie :

— Voilà qui est trop fort! Quel orgueil!

Il acceptera, je le jure, ou bien il ira pé-
rir dans un cul de basse-fosse !

— La nomination officielle a lieu.

Raspail tient parole, et proteste dans
toutes les feuilles radicales. Trois jours
après, on l'envoie devant les assises,
comme atteint et convaincu d'avoir, par sa
lettre de la *Tribune*, excité à la haine et
au mépris du gouvernement.

Bientôt les débats s'engagent. L'homme
qu'on voulait décorer la veille s'assied au
banc des prévenus.

M. Jacquinot-Godard, président des assises, lui ayant adressé la parole en ces
termes :

« — Raspail, levez-vous !

« — Président, cria notre héros, est-ce
que, par hasard, nous avons gardé Louis-
Philippe ensemble ? »

Le juge reprit, interloqué de cette leçon de politesse :

« — Accusé Raspail, levez-vous. »

Il fut condamné à trois mois de prison et à trois cents francs d'amende.

Comme il n'était point obligé de se constituer prisonnier sur l'heure, il sortit de l'audience et alla tranquillement achever un cours de chimie, commencé pour les élèves de l'École de médecine.

Dès les premiers mois qui suivirent la Révolution de juillet, Godefroi Cavaignac, assisté de Trélat et de Blanqui, fonda la Société des Amis du peuple.

Raspail en accepta la présidence.

Il consacra tous ses soins à préparer l'avénement de cette précieuse République, escamotée par les Bourbons de la branche cadette.

Répandant d'une main les écrits séditieux, de l'autre, il distribuait des secours au peuple.

On le vit organiser des consultations gratuites de tout genre et donner aux ouvriers malheureux des avocats pour défendre leurs intérêts, des médecins pour les soigner dans leurs maladies. Il reste à cet homme étrange, en dépit de lui-même, des instincts de charité que la religion seule inspire. Les principes de son premier maître n'ont pu s'effacer entièrement de son cœur.

Seulement M. Raspail a corrigé l'Évangile.

Au lieu de dire au peuple ce que lui disait le Christ : « Souffrez, le royaume de mon Père est à vous, » il ne manquerait pas de lui dire au besoin : « Prenez et mangez, tout le bifteck de ce monde vous appartient. »

— Entre les deux maximes, il y a la distance de la terre au ciel.

Dans cette pauvre tête humaine, les meilleures idées se transforment et deviennent parfois des monstres. Exagérez Vincent de Paul et privez-le du rayonnement de la foi, peut-être aurez-vous Robespierre.

Quelques bulletins provocateurs de la Société des Amis du peuple furent saisis par la police.

Un ordre de la rue de Jérusalem envoya visiter le domicile du président. Sous le poids d'une nouvelle accusation de tendance à changer le système établi, Raspail fut appréhendé au corps.

On l'envoya au dépôt de la salle Saint-Martin, puis à Sainte-Pélagie.

Nous devons à cette première captivité ses *Lettres sur les prisons*, diatribe fougneuse où il accuse d'ignominie sur toute la ligne le système pénitentiaire, et où il prend occasion de développer une foule de paradoxes, notamment au sujet du mariage des prêtres.

C'était là, — soit dit sans intention méchante, — un des points de discipline sur lesquels M. Raspail se trouvait jadis en désaccord avec son archevêque.

Ah! la question de la continence!

Prenez, avant et après Luther, tous les

* Si le séminariste d'Avignon eût toujours conservé les scrupules dont parle le *Conciliateur de Vaucluse*, il est probable qu'il serait aujourd'hui l'un de nos prêtres les plus chastes, et que le catholicisme aurait de moins un ennemi terrible.

ennemis du catholicisme, ils ont trébuché
d'abord contre cette pierre d'achoppe-
ment.

M. Raspail a trop de franchise pour le
nier.

Toutes les fois que la politique l'en-
traînait au fond d'un gouffre, la science le
ramenait à la surface et lui tendait une
planche de salut. Nous le voyons écrire à
Sainte-Pélagie son *Cours élémentaire
d'agriculture;* la vente de ce livre mit
un terme à la détresse de sa femme et
de ses enfants, restés au hameau d'Épinay.

Lorsque les indigènes de ce pays un
peu sauvage connurent le véritable nom
de M. François et le motif de l'emprison-

nement, ils firent essuyer à sa malheureuse famille des affronts de tout genre.

Un villageois brutal, adjoint de la com-
mune, ordonnait à ses enfants de pour-
suivre ceux de Raspail à coups de pierre.

Benjamin, l'aîné des fils du savant,
reçut au genou une blessure dont les
résultats, quelques années plus tard, ame-
nèrent l'amputation de la jambe.

Une ordonnance de non-lieu renvoya de
Sainte-Pélagie le président de la Société
des Amis du peuple, après trois mois et
demi de prison préventive. Il eut soin de
se mettre en mesure avec le registre d'é-
crou et de purger, pendant cet intervalle,
sa condamnation précédente.

Quelques jours de calme succédèrent

pour notre savant à ces premiers orages.

Confiné dans sa retraite champêtre, il rédigea ce travail immense sur la *Chimie organique*[1], où il prononce le *fiat lux* au milieu du chaos de vingt systèmes, et révèle un talent d'observation si judicieux et si vainqueur.

Pourquoi n'est-il point resté en compagnie de la science et de l'étude, maîtresses fidèles qui ne trompent jamais !

Nous n'aurions pas le chagrin de mêler des restrictions à nos éloges et de consigner ici des faits déplorables.

L'année suivante, en juin, ce mois doublement hideux dans nos fastes révolutionnaires, on put voir, sur la route d'Épinay

---

[1] Trois énormes volumes (édition compacte) de six cents pages chacun, publiés en 1833, chez Baillière, rue de l'École-de-Médecine.

à Paris, les gendarmes traîner deux hommes, aux mains desquels on avait rivé des chaînes.

L'un de ces hommes était un forçat en rupture de ban; l'autre était François Raspail[1].

Il s'attendait à être fusillé sans jugement.

Par bonheur, la cour suprême eut l'énergie de casser le décret de mise en état de siége et de restreindre les mesures violentes.

La Société des Amis du peuple n'existait plus; celle des Droits de l'homme lui succéda.

Raspail, à peine dégagé des fers du juste milieu, prit part aux manœuvres de

[1] M. Virey, savant de mérite et député de la gauche, monta le lendemain à la tribune pour reprocher au ministère cet acte honteux.

l'association nouvelle, et se fit replonger dans les cachots. Napoléon Lebon, plus coupable que lui, resta libre.

On ne s'expliqua jamais pourquoi.

— Mon cher, dit Kersausie à Raspail, tu passeras ta vie dans les prisons; il faut changer de système. Les hommes qui se trouvent le plus en relief sont toujours pris dans la bagarre et payent pour les autres. Je t'apporte cent mille francs. Créons un journal, combattons avec la plume.

Au bout de huit jours, le premier numéro du *Réformateur* s'imprime, et la guerre avec le gouvernement continue sur un autre terrain.

Devenu publiciste, Raspail a contre lui non-seulement les feuilles ministérielles, mais encore tous les journaux prétendus démocratiques, dont il dévoile, dans son exposé de principes, les tergiversations ou les sympathies occultes.

Il accuse, par exemple, M. Cauchois-Lemaire, rédacteur en chef du *Bon Sens*, de caresser tout-à-la fois le menton de la République et le dos voûté du Système.

Cauchois-Lemaire s'emporte en injures.

— Permettez, dit le *Réformateur*, les gros mots ne prouvent rien. Êtes-vous pour *elle*? êtes-vous pour *lui*?

Deux témoins apportent à Raspail une provocation en règle.

— Fort bien, dit-il, je me battrai si M. Cauchois-Lemaire est mon ennemi; sinon, non.

— Je suis votre ennemi politique! s'écrie le *Bon Sens*, poussé au pied du mur.

— A la bonne heure, dit Raspail, il faut s'entendre. Maintenant, coupons-nous la gorge ou cassons-nous la tête. Vous avez le choix des armes.

Le *Réformateur*, très-habile au tir [1], traversa d'une balle la cravate du *Bon Sens*, effleurant du même coup l'épiderme à M. Cauchois-Lemairé, qui en fut quitte pour une assez jolie transe. Il ne caressa plus le menton de la République, et le roi citoyen le nomma secrétaire aux archives.

Raspail a toujours été pour les situations nettes.

M. Guizot, voyant le *Nouveau système de chimié organique* obtenir l'approbation des corps savants, fit offrir à Raspail

[1] Grâce aux leçons qu'il a reçues de Kersausie, Raspail fait mouche neuf fois sur dix à quarante pas. Il est aussi très-habile en escrime. Pendant sa captivité au donjon de Vincennes, on lui refusa des fleurets et un piano, instrument sur lequel il possède un véritable talent d'artiste, dont plus d'une fois Thalberg s'est montré jaloux.

l'appui du ministère pour propager son œuvre, s'il voulait renoncer à tout acte politique hostile et demeurer uniquement dans la carrière de la science, si belle à parcourir pour lui.

Raspail refusa.

Le chef de la doctrine devait s'y attendre. Sa démarche était d'une impardonnable maladresse. A cette malheureuse époque, le mauvais génie de la corruption jetait partout et sans cesse messieurs les ministres en dehors du sens moral.

N'en déplaise à M. Guizot, il fallait appuyer quand même un livre utile à la science.

Chercher le républicain derrière le chimiste, dicter au premier des lois avant de se décider à rendre justice au second, n'était-ce pas le moyen le plus sûr de blesser à la fois chez Raspail l'honnêteté du cœur et de surexciter son orgueil?

« On me craint, se sera-t-il dit : donc je suis en politique un homme d'importance.

« Le mérite intrinsèque d'une œuvre ne leur suffit pas; il faut qu'elle soit écrite par un de leurs valets, fi donc! »

Indigné du refus de Raspail, et sachant que l'Académie se préparait à lui décerner, pour son livre, le prix Montyon [1]; M. Guizot réussit, par intrigue et par menace, à intimider les votes.

— Je vous défends, dit-il aux académiciens, de grossir la caisse de l'émeute!

Pour mieux les décider à l'obéissance, il fait au plus vite arrêter Raspail; sous

[1] Ce prix était de dix mille francs. Geoffroy Saint-Hilaire avait écrit à Raspail que l'intention positive de tous ses collègues était de voter pour lui.

prétexte d'une conspiration qui aurait eu lieu dans l'amphithéâtre de la rue des Fossés-Saint-Jacques[1]. On n'osa point couronner un homme enfermé dans les cachots politiques.

Le jury prononça plus tard un acquittement; mais le prix était donné.

M. Guizot n'empêcha pas le *Nouveau système de chimie organique* de se traduire en anglais, en allemand et en italien[2]; mais il jeta l'auteur du livre à tout

[1] Au numéro 11. Il s'agissait dans cette assemblée d'une simple révision des comptes de la Société pour la liberté de la presse, qui avait précédé celle des Amis du peuple.

[2] La réputation de Raspail, comme chimiste, prit un accroissement prodigieux. Tout autre que lui eût fait, en trois ou quatre ans, une fortune énorme. Vers 1836, au moment où il était, à Montrouge, dans une profonde misère, bon nombre de négociants de Paris vinrent l'exploiter sans pudeur. Ces messieurs le priaient de chercher un moyen de fabrication qui pût leur permettre de vendre leurs produits à meilleur compte et de lutter avec la concurrence. Raspail se

jamais dans le parti de la révolte. Celui qu'un simple encouragement eût peut-être attaché sans réserve au domaine de la science perdit les plus riches années de sa carrière à fomenter l'émeute.

Jaloux de voir Raspail prendre sans cesse l'initiative, quand il s'agissait de quelque mesure violente, Marrast voulut, un jour, courir sur ses brisées.

C'était en 1834.

Les sommités démocratiques venaient d'être convoquées à l'effet de rédiger une protestation contre des lois mortelles à la liberté de la presse.

—Ne protestons pas! s'écrie Marrast; faisons à l'heure même un appel aux armes!

mettait à l'œuvre et trouvait le procédé. Mais de paye-
ment il n'en fut jamais question. Le lendemain notre
chimiste n'y pensait plus et se laissait reprendre au
même piége.

— Eh mais, cher ami, dit Raspail, je ne te croyais pas tant de courage. Bravo ! je suis entièrement de ton avis.

S'approchant alors de la Fayette, — car, nous devons l'avouer, cette réunion républicaine avait lieu chez le célèbre défenseur de la liberté des deux mondes, — Raspail ajouta :

— Général, vous êtes de droit notre chef. Montez à cheval. Il ne vous reste que peu de jours à vivre; mourez glorieusement, s'il le faut !

—Monsieur Raspail, lui dit tout bas la Fayette en se penchant à son oreille, je ne vous prendrai pas pour mon médecin.

Cependant il fut convenu que le parti de la résistance était le meilleur et qu'on dirigerait l'émeute. Rendez-vous est donné pour le lendemain. Raspail et Kersausie arrivent à l'heure fixée chez le vieux général.

La Fayette était parti, la veille au soir, pour son château de la Grange.

— Courons chez Marrast, alors !

Marrast avait jugé convenable d'aller respirer l'air des champs. Il possédait une campagne à Montmorency, et, par distraction sans doute, il s'y était rendu dès le point du jour.

Nous arrivons aux affaires d'avril, qui eurent sur la destinée de l'ami de Raspail une si triste influence.

L'ex-capitaine au 4e hussards fut arrêté au moment où il passait en revue la Société des *Droits de l'homme,* échelonnée par groupes de la porte Saint-Martin à la Bastille.

Tous les détails qui vont suivre sont aujourd'hui du domaine de l'histoire; nous les raconterons sans commentaires.

Le gouvernement se trouva dans un embarras extrême lorsqu'il vit les prévenus d'avril récuser leurs juges. Ne sachant par quelle voie sortir de ce cercle vicieux, il prit le parti de favoriser une évasion et de les laisser passer à Londres.

Averti de ce projet de fuite, Raspail le blâma sévèrement.

Il représenta, mais en vain, qu'on allait placer les accusés de Lyon dans une situation plus dangereuse. On refusa de le croire, et les prisonniers s'évadèrent.

Quelques-uns seulement voulurent garder leurs chaînes.

Kersausie et Caussidière étaient du nombre. Raspail se chargea de les défendre.

Dans une réunion des défenseurs, Carrel, apercevant Berryer, le salua d'une façon très-cordiale. Un échange de paroles flatteuses s'établit entre le royaliste fidèle et le républicain par excellence.

— Messieurs, leur cria Raspail sur un ton fort brusque, vous n'êtes point ici pour vous faire des compliments!

Il détestait, comme nous l'avons déjà dit, les hommes du *National*. Une histoire toute récente avait encore accru sa haine.

Dans l'une de ces émeutes où l'on engagea si souvent, lors des premières années du règne de Louis-Philippe, les masses populaires, Raspail, voyant les sections manquer de chefs, courut à la recherche de ceux qu'on avait désignés pour se mettre à leur tête.

C'étaient précisément les rédacteurs du journal cité plus haut.

Après deux heures de perquisitions inutiles, il les trouve réunis tous ensemble au café Riche, fumant et buvant du champagne.

— Tiens, c'est toi !... tu arrives bien ! Nous venons justement de te nommer préfet de police, lui dirent les buveurs.

— Ah! vous venez de me nommer préfet de police? Vous avez eu raison. Demain, si le peuple est vainqueur, vous aurez affaire à moi! cria Raspail, qui sortit furieux, après avoir repoussé les mains qu'on lui tendait.

— Bon démocrate! dirent ces messieurs, éclatant de rire et remplissant leurs verres; mais quel ours mal léché !

Cependant le procès d'avril, grâce aux comptes rendus passionnés de Raspail, donnait au *Réformateur* beaucoup de retentissement. Le pouvoir, comme bien on se l'imagine, voyait ce journal de très-mauvais œil. M. Thiers, que Raspail avait eu l'indélicatesse de traiter de *petit misérable*, jura de supprimer par tous les moyens possibles cette feuille anarchique.

La machine infernale de Fieschi éclate sur le boulevard du Temple.

On arrête tous les individus suspects de républicanisme. Armand Carrel lui-même n'est point épargné.

Raspail, qui vient de partir pour Nantes, où l'attend un banquet de patriotes, réunis dans le but d'inaugurer un journal de la nuance du *Réformateur*, arrive juste dans cette ville pour apprendre que l'ordre est donné de le ramener de brigade en brigade.

Le télégraphe ne lui laisse pas même le temps de se mettre à table.

Certes, il n'était point complice de l'attentat. Mais on profitait de l'occasion pour anéantir les journaux dont les doctrines pouvaient amener le retour de pareilles horreurs. Le nombre des assassins politiques ne fut jamais plus grand qu'à cette époque; il est bon de le rappeler à la honte du parti qui les fait naître, et qui autorise en quelque sorte les rancunes, les représailles, les ordres impitoyables.

Arrivé malade à Paris, Raspail souffrait beaucoup entre les murs étroits et malsains de sa prison.

Le docteur Fabre, ancien condisciple de M. Thiers, crut devoir, à l'insu du captif, demander sa translation dans une maison de santé.

— Pour qu'il puisse fournir plus aisément de la copie à son journal ! non, docteur, non ! répondit M. Thiers.

Et tout aussitôt le ministre signe un ordre, en vertu duquel Raspail est envoyé, le soir même, dans une chambre de la Force, en compagnie de Lacenaire et de trois autres meurtriers attendus à la barrière Saint-Jacques.

La chambre avait cinq lits ; notre malheureux savant occupa le cinquième.

On avait l'intention positive de l'exaspérer, pour lui faire commettre quelque acte d'insolence ou de révolte, et le retenir prisonnier jusqu'à la mort du *Réformateur*.

Il donna dans le piége.

Des gendarmes viennent le prendre pour le conduire devant le juge d'instruction. Pendant trois mortelles heures, on le laisse faire antichambre dans une pièce humide et sombre. Enfin, une sonnette résonne. On introduit le prisonnier.

— Monsieur, lui demande le juge *ex abrupto*, si votre parti avait le dessus, que feriez-vous ?

— Je commencerais, monsieur, par vous envoyer à Charenton, vous et les vôtres, répondit Raspail. Quelques douches à la glace, et vous crieriez ensuite plus fort que nous : Vive la République !

On attendait une riposte de ce genre.

Elle est consignée au procès-verbal. Moins d'une semaine après, intervient une sentence qui inflige à Raspail trois ans de prison, pour insulte au juge.

Notre condamné s'adresse à la cour d'appel. On casse la sentence; mais, en attendant, il y a eu huit mois de captivité

préventive et de mise au secret.: Le cau-
tionnement du *Réformateur* a payé les
amendes du procès d'avril[1], et le journal
a rendu le dernier souffle.

Pas n'est besoin de dire que la ruine
de son rédacteur en chef était complète.

Sorti de prison, Raspail alla cacher sa
misère dans une pauvre maison de Montrouge, n'accepta de secours de personne, et
reprit ses travaux de savant, qu'il n'aurait
jamais dû quitter, hélas ! pour jeter ses
destins au vent orageux de la politique.

Il acheva son livre de la *Physiologie*

[1] Il ne resta pas un centime de l'argent de Kersausie. Tous les défenseurs ayant été condamnés solidai-
rement à dix mille francs d'amende, Raspail paya pour
les autres. On lui confisqua même trois billets de
banque de mille francs qui lui étaient envoyés dans
une lettre, à la Conciergerie. La lettre lui fut remise,
mais veuve de son contenu. Toutes ses réclamations furent en pure perte.

végétale[1], œuvre si pleine d'horizons nouveaux, et dont les puissantes découvertes ont entraîné forcément l'Institut hors du sentier de la routine.

Raspail ne voulut jamais contracter une seule dette ni demander la moindre avance à l'éditeur qui publiait ses ouvrages.

A Montrouge, quinze mois durant, il vécut avec des pommes de terre, sans jamais se plaindre, renvoyant les paniers de

[1] Ce livre, presque aussi volumineux que la *Chimie organique*, fut publié chez Baillière en 1837. Raspail en a donné un exemplaire à sa ville natale, avec ces mots écrits de sa main au frontispice : *A la bibliothèque de Carpentras, mon premier jardin botanique.* » Il serait trop long de citer dans cette courte notice tous les ouvrages de Raspail. Nous renvoyons le lecteur au dictionnaire de M. Barjavel. Mentionnons seulement le fameux mémoire rédigé contre Orfila, au sujet de l'empoisonnement par l'arsenic. On sait que ce mémoire, en 1840, appuya la défense de Marie Capelle. L'auteur affirmait que dans le fauteuil du président des assises il trouverait autant d'arsenic qu'Orfila en avait trouvé dans le corps de Lafarge.

vin qu'on lui apportait quelquefois de la part de ses amis, et buvant de l'eau pure. Il tenait son dernier fils, encore à la mamelle, pendant que sa femme vaquait aux soins du ménage[1].

Ces mauvais jours ne lui enlevèrent ni l'amour du travail ni la gaieté.

[1] Madame Raspail a été pour son mari l'ange du dévouement. Simple ouvrière en couture, elle devint la femme du célèbre chimiste à une époque où celui-ci, grâce à sa renommée déjà fort étendue, pouvait contracter un hymen beaucoup plus avantageux sous le double rapport de l'argent et de la beauté. Madame Raspail était fort laide; mais elle avait toutes les qualités du cœur, jointes à une force de caractère vraiment surhumaine. Elle suivit son mari partout. Jamais une autre qu'elle ne prépara les aliments du prisonnier. Dans les dernières années de sa vie, elle ressemblait à un spectre, et l'on peut dire qu'elle est morte à la peine. Raspail a eu cinq enfants de son mariage, quatre fils et une fille. Son fils Benjamin, devenu peintre de paysages, habite avec son père et sa sœur une maison de campagne aux environs de Bruxelles. Des trois autres fils du savant, l'un est médecin, l'autre architecte, et le dernier fait son droit.

Sa philosophie excitait l'étonnement de ceux qui lui rendaient visite.

— Ici-bas, leur disait Raspail, il faut accepter la vie comme un devoir, on est toujours satisfait. Quand on la prend comme un plaisir, on n'y trouve que des mécomptes.

Au lieu de faire de la politique active, il nous semble que Raspail, dans les loisirs que lui laissait la science, eût été plus sage de composer un recueil de maximes, dans le genre de celle qui précède, pour l'enseignement et la moralisation des classes souffrantes.

La blessure au genou résultat du coup de pierre que son fils Benjamin avait reçu au hameau d'Épinay se ferma quelque temps d'abord, mais en laissant aux régions de la rotule une tumeur que rien ne put résoudre et qui dégénéra bientôt en cancer.

Un soir, tout Montrouge fut en bouleversement.

On venait d'apprendre que l'homme à peine remarqué sous le nom de M. François était le célèbre chimiste Raspail.

Une foule d'équipages stationnaient à sa porte.

De ces équipages on avait vu descendre Lisfranc, Blandin, Thierry, Bréschet, Pinel-Grandchamp, Ricord, tous les princes de la chirurgie et de la médecine. Ils s'étaient rassemblés d'eux-mêmes en consultation, voulant donner à leur illustre émule dans la science une preuve d'éclatante sympathie.

Le mal était sans remède.

Il fallut procéder à l'amputation. Benjamin demanda que son père lui tînt la jambe.

Ce fut un moment terrible.

Voyant le scalpel fendre les chairs, entendant la scie crier sur les os, Raspail eut assez de force pour vaincre la nature et pour encourager son fils de la voix et du regard ; mais, l'opération faite, on le vit tomber à la renverse sur le carreau. Près d'une heure, il fut sans connaissance.

La jambe coupée pesait soixante livres, tant l'enflure était énorme.

Kersausie, expatrié, brava le péril d'un retour en France pour venir consoler son ami dans cette grande douleur. Il resta toute une semaine à Montrouge, sans que la police en sût rien.

Plusieurs fois ces voyages dangereux se renouvelèrent.

Jamais Raspail et l'ancien capitaine de hussards, n'entretenaient de correspondance.

A une heure du matin, par une nuit sombre, Kersausie arrivait de Londres ou d'Allemagne, frappait à la porte d'une certaine manière, et le savant, réveillé, venait ouvrir.

On s'embrassait, on passait ensemble quelques jours; puis l'exilé reprenait le chemin de la frontière.

En 1859, Raspail lui dédia son livre intitulé la *Pologne sur les bords de la Vistule*, avec cette épigraphe empruntée au Psalmiste : *Super flumina Babylonis, illic sedimus et flevimus dùm recordaremur Sion :* « Assis au bord des fleuves de Babylone, nous versons des pleurs au souvenir de Sion. »

Tout sentiment amical et tout regret politique à part, nous trouvons que ceci est un abus de l'Écriture sainte.

De 1836 à 1840, notre héros n'eut plus à subir aucune détention politique. On profita seulement, vers 1842, de la plainte d'un aimable huissier, qui avait voulu saisir, dans des conditions illégales, les meubles du savant, pour ne pas laisser perdre tout à fait à celui-ci le souvenir des verrous.

Raspail avait menacé d'un pistolet l'homme aux vacations.

— Il est certain, dit-il au tribunal, que j'eusse mieux fait de lui brûler la cervelle. Je paraîtrais devant le jury, qui m'acquitterait, tandis que vous allez me condamner, messieurs, très-probablement.

Cela ne manqua point. On lui donna six mois de Sainte-Pélagie.

Pour un huissier... peste ! voilà qui est cher.

Le grand chimiste s'exerçait alors à d'utiles et curieuses recherches sur l'origine des maladies et sur la cause du dérangement des organes. Il affirme que ce dérangement est presque toujours produit par la présence de corps étrangers, sans toutefois exclure l'influence des causes morales.

De là ses préceptes d'hygiène, sa thérapeutique et tout un système médical au grand complet.

Il prouve, dans son *Histoire naturelle de la santé et de la maladie*, que les remèdes inscrits dans le codex se divisent en cinq ordres principaux, tous succédanés de ses médicaments favoris, auxquels, du reste, il ne donne la préférence qu'en raison de leur prix modique et dans l'intérêt des classes pauvres.

Un des points essentiels de son système médical est l'exclusion de tous les éléments non assimilables au corps humain, du mercure, par exemple, et des poisons, qui ne guérissent d'une maladie que pour en faire naître quelque autre plus dangereuse.

Son manuel, résumé succinct du grand ouvrage cité tout à l'heure et mis au niveau des intelligences les plus vulgaires, devient aujourd'hui pour les ouvriers une sorte de *vade mecum*.

Il sera beaucoup pardonné à François-Vincent Raspail, parce qu'il a fait à la bourse des médecins un peu de tort et beaucoup de bien à la santé du peuple.

Nous parlons exclusivement de la santé physique.

On ne s'attend pas à nous voir ici donner place aux nombreux démêlés du chimiste avec une foule d'industriels qui, à diverses époques, prirent ou obtinrent le droit d'appliquer sa méthode.

Aujourd'hui la lumière est faite sur toutes ces discussions.

M. Colas, pharmacien de la rue Dauphine, a gagné deux ou trois cent mille francs, et Raspail s'est réservé pour unique bénéfice le droit de fournir gratuitement les remèdes nécessaires aux malades pauvres qui venaient le consulter chez lui.

Quant au sieur Morel, de la rue des Lombards, son traité fut rompu grâce à des préparations mauvaises et à son peu d'exactitude à remplir ses engagements.

Une association nouvelle, formée avec le docteur Cottereau, ne tarda pas à amener des poursuites comme exercice illégal de la médecine.

Les juges manifestèrent leur surprise de voir que Raspail s'obstinait à ne prendre aucun diplôme.

C'est un des entêtements du chimiste.

Par malheur, il en a d'autres que celui-là. Depuis le séminaire d'Avignon, si la bonté joue un grand rôle dans sa vie, l'orgueil et le sentiment de la révolte contre tout ce qui s'impose n'en jouent pas un moindre.

Jamais, du reste, notre héros ne prit une obole pour ses consultations.

Un jour, chez Morel, il courut après une dame qui avait déposé vingt francs sur la cheminée. Il lui rendit la pièce d'or, en disant :

— Donnez cela, madame, à quelque pauvre malade, afin qu'il puisse acheter des remèdes et du bouillon.

Ses enfants lui répétaient sans cesse :

— Tu nous ruines. Fais donc un peu mieux tes affaires.

Le chimiste leur promettait d'être économe, et leur laissait le gouvernement de la caisse ; puis, au bout de quelque temps, on apprenait qu'il faisait des dettes. Raspail empruntait à ses amis pour secourir les malheureux.

Février sonne à la folle horloge des révolutions.

Notre chimiste, emporté de nouveau sur la montagne par un diable démocrate, écoute les promesses pompeuses de cet ange cornu, et s'imagine que le monde appartient désormais à sa chère République.

Lisez le premier article de l'*Ami du Peuple*. En voici un passage :

« Le progrès marche à pas de géant et franchit les distances sur les ailes de l'électricité. Le télégraphe tourne à gauche, c'est nous dire que la liberté arrive à Bruxelles ; il tourne à droite, c'est pour nous dire qu'elle est à Londres ou à Berlin. Nos quarts d'heure sont des siècles. Cette République, qui n'était pas possible en France, la voyez-vous déjà ? Elle couvre l'Europe ! Vive la République européenne ! Dans un an, vive la République universelle ! »

Pauvre savant ! retourne à la thérapeutique et à tes expériences. Là-bas tu raisonnes, et l'on peut te croire ; ici tu divagues, et nous ne voulons rien entendre.

Mais il a sa marotte en main. Qu'y faire?

— La duchesse d'Orléans, lui dit-on, n'a pas quitté Paris; elle est encore aux Invalides.

Voilà Raspail en transe.

Il court sur la place de l'Hôtel-de-Ville, encombrée de peuple. On le reconnaît, on l'acclame.

— Citoyens, dit-il, oui ou non, voulez-vous la République?

— Oui! oui! crie la multitude (quinze ou dix-huit cents hommes tout au plus qui se permettaient là de répondre au nom de la France).

— Eh bien, dit Raspail, exigez qu'ils en finissent à l'instant même, sans plus dé retard. Me donnez-vous mission d'aller leur porter des ordres?

— Oui! oui!

Notre homme entre à l'Hôtel de Ville, et monte à la salle où se tiennent les pro-visoires.

— Tiens, voilà monsieur Raspail! se permit de crier le petit Louis Blanc d'une voix goguenarde. Qu'en ferons - nous? (Camphrons-nous!)

Ce joli calembour fit partir d'un éclat de rire olympien les demi-dieux qui te-naient alors le fil de nos destinées.

— Au nom du peuple, leur dit Raspail en colère, je vous somme de proclamer la République! Dans une heure, si vous n'o-béissez pas, le peuple et moi nous vien-drons ici chercher la réponse!

Ils tremblèrent, oui, vraiment.

Lamartine se mit aux fenêtres, et vous savez le reste. A six heures du soir, la mère du comte de Paris quittait les Invalides.

Sa couronne de régente était brisée.

Pendant trois mois, l'*Ami du Peuple* donna, comme on dit vulgairement, du fil à retordre à nosseigneurs de l'Hôtel de Ville. Président du club de la salle Montesquieu, Raspail y commentait les articles de sa feuille violente.

Il faisait un cours d'éducation politique à l'usage du peuple.

Cela dura jusqu'au 15 mai, jour funeste à la Pologne, en ce que l'émeute eut la fourberie de lui emprunter son manteau.

Raspail (on l'affirme) croyait sincèrement à la pétition. Lorsqu'il vit les apparchistes envahir la Chambre, lorsqu'il entendit M. Hubert débiter ses gentillesses, il prononça les mots que voici, chacun peut les expliquer comme il l'entendra :

« — C'est un tour de Marrast... Bien joué ! »

Seulement il eut le tort grave d'ajouter, quelques minutes plus tard :

« — Au fait, allons à l'Hôtel-de-Ville. »

Cette simple phrase, entendue par M. Achille Point, qui donnait le bras au chimiste en quittant l'Assemblée, fit condamner Raspail à la cour de Bourges.

Retenu d'abord au donjon de Vincennes, il fut ensuite transféré à Doullens. A la mort de sa femme, on le rendit libre. Il habite la Belgique depuis cette époque.

Dans ce volume, comme dans tous les

autres, nous avons dit la vérité, sans restrictions, sans détour.

Le point essentiel pour le lecteur est de se tenir en garde contre le prestige qui entoure nécessairement un homme de l'espèce de Raspail. On peut être bon, sincère, honnête, et marcher dans une route périlleuse pour soi-même, coupable quand on y entraîne les autres.

A partir du jour où le principe religieux s'efface dans un noble cœur, il n'y a plus nécessairement ni résignation, ni patience, ni espoir en la vie future. On arrive, par une logique fatale, à réclamer comme un droit pour tous le bien-être de la vie présente.

« Si la société, vous dit-on, ne donne pas ce bien-être, il faut la démolir; si les

gouvernements sont un obstacle aux ré-
formes, que les gouvernements tombent ! »

Voilà bien, en deux mots, la doctrine
de nos apôtres modernes.

Essayez de leur faire comprendre que
les destinées de l'homme sont en dehors
des jouissances matérielles et des appétits
du ventre; prouvez-leur que Dieu n'a pu
laisser, ici-bas, le mal et la souffrance
qu'en raison d'une première faute, dont
le châtiment se poursuit d'âge en âge; in-
sinuez-leur que l'arrêt du ciel aura nécessairement jusqu'à la fin son exécution,
quoi qu'ils fassent; dites-leur qu'il est
aussi impossible de supprimer les passions
et la misère que de supprimer la mort,
ces grands philosophes haussent les épaules et s'obstinent quand même à nous
réinstaller en plein Éden, malgré l'ange

au glaive de feu, qui en a chassé nos premiers pères et qui en garde le seuil.

Ils n'entendent ni argumentations, ni remontrances, ni conseils:

La volonté de Dieu, son pouvoir, ses ordres suprêmes, que leur importe! Ils n'en poursuivent pas moins leurs folles tentatives, frappant à droite, frappant à gauche, renversant tout, et marchant, quoi qu'il en coûte, à l'application de leurs théories sociales.

Arrive le jour où ils sont à l'œuvre au milieu des ruines qu'ils ont faites.

Vous croyez que leurs plans sont arrêtés et qu'ils vont bâtir? Oh! que non pas! Le premier soin de ces aimables architectes est de se battre entre eux.

Pour la démolition, rien de plus sim-

ple, ils étaient d'accord; mais pour, élever
un autre édifice, ils font preuve d'incapa-
cité notoire. On n'en trouve pas un qui
sache manier la truelle, et nous couchons
à la belle étoile, en attendant que la maison se relève.

Bref, on est obligé de chasser à coups
de fouet tous ces maçons absurdes.

Leur système de liberté n'engendre que
le despotisme. Avec la prétention de re-
trancher de ce monde la misère, ils ne
font que l'accroître et la rendre plus
cruelle.

En ce cas, direz-vous, ils comprennent
leur sottise et se frappent la poitrine dans
un accès de repentir.

Ah! miséricorde! tout le contraire arrive!

Quand un autre a relevé les ruines, ils reprennent le marteau, cherchent à démolir encore, et se promettent seulement de couper la tête à ceux qui ont eu l'audace de se mettre en travers de leurs projets de destruction, de leurs principes d'opprobre.

Ceci ne veut point dire que Raspail soit au nombre de ces partisans de la guillotine.

Mais, l'heure venue d'une seconde épreuve, il serait dans l'obligation de les laisser faire, sous peine de les voir essayer sur son propre cou si la hache fonctionne bien.

Oh! l'histoire des discordes politiques, des attaques criminelles, des répressions barbares, des entêtements absurdes, des rages, des vengeances et des haines, qu'on nous en délivre, bon Dieu!

Tristes créatures que nous sommes, nous dont la tombe est si près du berceau, nous qui avons si peu de jours à consacrer au travail, aux affections de famille, aux saintes joies du foyer; nous qui, dans ce court pèlerinage, trouvons déjà sur le chemin tant d'épines et tant d'ornières, pourquoi rendre ces épines plus aiguës, pourquoi creuser l'ornière jusqu'à la profondeur des abîmes?

FIN.

Paris. — Typ. de Gaittet et Cie, rue Git-le-Cœur, 7.

Aux citoyens électeurs de la Seine

français vincent Raspail

Merci !

Citoyens

Que l'on vienne encore mondire
que le peuple est ingrat, je répondrai
par la glorieuse couronne que vos
suffrages m'ont décerné hier, à moi ancien
Martyr de votre Sainte cause !

Citoyens électeurs, Salut et merci à vous.

F.V. Raspail

Donjon de
Vincennes,
22. 7bre 1848.

Imp. Lith. de V. Janson, rue Dauphine, 16, à Paris.

www.ingramcontent.com/pod-product-compliance
Ingram Content Group UK Ltd.
Pitfield, Milton Keynes, MK11 3LW, UK
UKHW021205220726
13924UKWH00003B/1342